Manfred Mai

# Wo die Menschen leben

Illustrationen von Raphael Volery

Ravensburger Buchverlag

Die Deutsche Bibliothek - CIP-Einheitsaufnahme

**Wo die Menschen leben** / Manfred Mai; Raphael Volery.-
Ravensburg: Ravensburger Buchverl., 1994
  (Alles klar)
  ISBN 3-473-35805-3
NE: Mai, Manfred; Volery, Raphael

5  4  3  2  1     98  97  96  95  94

Umschlaggestaltung: Thilo Pustlauk unter
Verwendung einer Illustration von Raphael
Volery
Design: Thomas Menzel
Illustration: Raphael Volery und Corinne Schroff
Layout: Thilo Pustlauk
Redaktion: Martina Nommel
Pädagogische Beratung: Christine Wolfrum
Fachberatung: Reinhard P. Staudenmeir
Konzeption S. 30/31: Hermann Krekeler

© 1994 by Ravensburger Buchverlag
Otto Maier GmbH
Alle Rechte, auch die des auszugsweisen
Nachdrucks, der fotomechanischen
Wiedergabe
und der Übersetzung vorbehalten.
Printed in Italy
ISBN 3-473-35805-3

Dieses Buch ist auf chlorfrei gebleichtem Papier gedruckt.

# Inhalt

| | |
|---|---|
| Menschen leben überall | 4 |
| Jeder zweite Mensch lebt in Asien | 6 |
| Geheimnisvolles Indien | 8 |
| Der Vordere Orient | 10 |
| Am Rande der Sahara | 12 |
| Die Trommel ruft zum Tanz | 14 |
| Andere Länder, andere Sitten | 16 |
| Die Weiten Rußlands | 18 |
| Wo einst die Indianer lebten | 20 |
| Die Heimat der Indios | 22 |
| Im tiefen Urwald | 24 |
| Das Land der Känguruhs | 26 |
| Im ewigen Eis | 28 |
| Eine Reise um die Welt | 30 |
| Minilexikon | 32 |

# Menschen leben überall

Du weißt bestimmt schon einiges über dein Land. Aber es gibt viele Länder auf unserer Erde. Manche Menschen leben so ähnlich wie du, andere leben ganz anders.

Ich bin in Alaska geboren

Ich wohne in Nordamerika

Unsere Heimat ist Nordafrika

Unser Zuhause sind die Anden

Wir leben in Brasilien

Kennst du die Länder, wo man mit Stäbchen ißt? Oder kannst du dir vorstellen wie es ist, im ewigen Eis zu leben? Auf den folgenden Seiten gibt es viel zu erfahren.

Ich komme aus Europa

Ich lebe in Rußland

Ich bin in Israel zu Hause

Wir wohnen in China

Ich bin in Indien geboren

Meine Heimat ist Australien

Ich komme aus Schwarzafrika

# Jeder zweite Mensch lebt in Asien

**Asien:**

① China
② Japan

In Asien leben unvorstellbar viele Menschen. Jeden Tag werden Tausende von Kindern geboren. Doch Nahrungsmittel und Wohnungen reichen nicht für alle Menschen. Deswegen sollen Familien weniger Kinder haben. In China zum Beispiel ist nur ein Kind erlaubt. Dort müssen Eltern sogar Strafe bezahlen, wenn sie zwei oder drei Kinder bekommen.

Hast du schon einmal probiert, mit Stäbchen zu essen? Dann hast du sicher gemerkt, daß das gar nicht so einfach ist. Für die Asiaten ist der Umgang mit Stäbchen normal. Sie benutzen zum Essen weder Gabel noch Messer.

In China gehen die meisten Menschen zu Fuß oder fahren mit dem Fahrrad. Manche schieben einen Handwagen. Autos sieht man hier meist nur in den Städten.

# Geheimnisvolles Indien

**Asien:**

① Indien
② Sri Lanka

In Indien erscheint vieles geheimnisvoll. Mitten in der Stadt laufen Kühe herum. Sie gelten als heilig und werden nicht geschlachtet. Der Ganges ist für die Inder ein heiliger Fluß. Jeden Tag kommen viele Menschen, um hier ein Bad zu nehmen. Sie glauben, daß sie dadurch bessere Menschen werden.

In Asien arbeiten viele Kinder und können deshalb nicht zur Schule gehen. Die Familien sind oft so arm, daß jedes Kind mithelfen muß, Geld für Essen, Kleidung und Unterkunft zu verdienen.

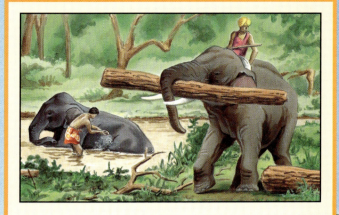

Sri Lanka wird manchmal auch das »Land der Elefanten« genannt. Heute sind die meisten Elefanten gezähmt und arbeiten in den Wäldern für die Menschen.

# Der Vordere Orient

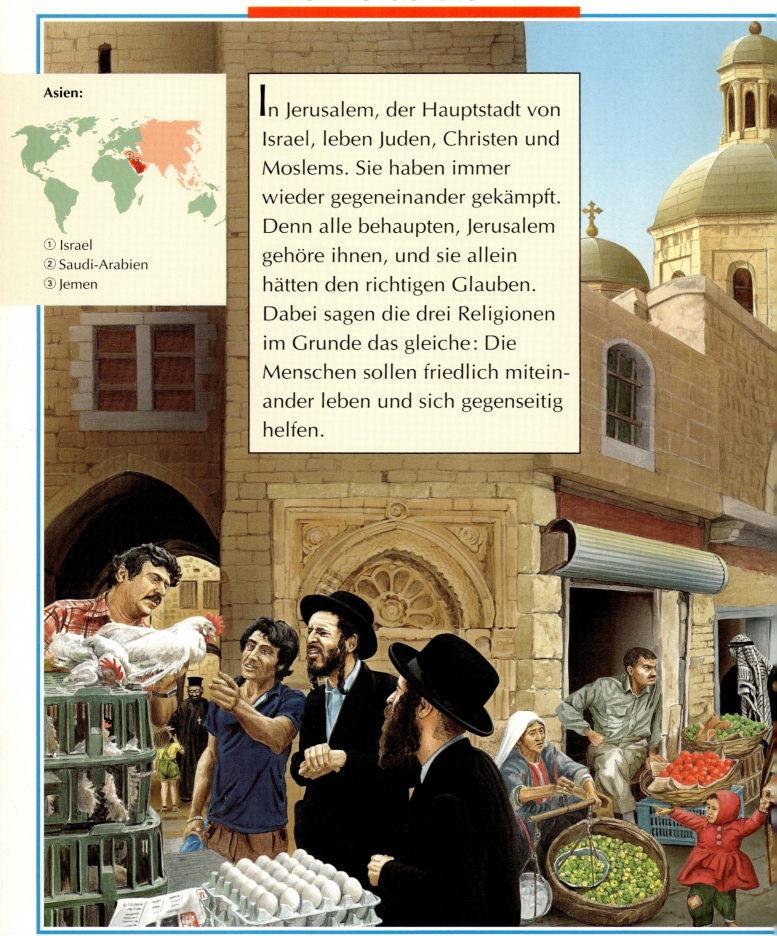

**Asien:**
① Israel
② Saudi-Arabien
③ Jemen

In Jerusalem, der Hauptstadt von Israel, leben Juden, Christen und Moslems. Sie haben immer wieder gegeneinander gekämpft. Denn alle behaupten, Jerusalem gehöre ihnen, und sie allein hätten den richtigen Glauben. Dabei sagen die drei Religionen im Grunde das gleiche: Die Menschen sollen friedlich miteinander leben und sich gegenseitig helfen.

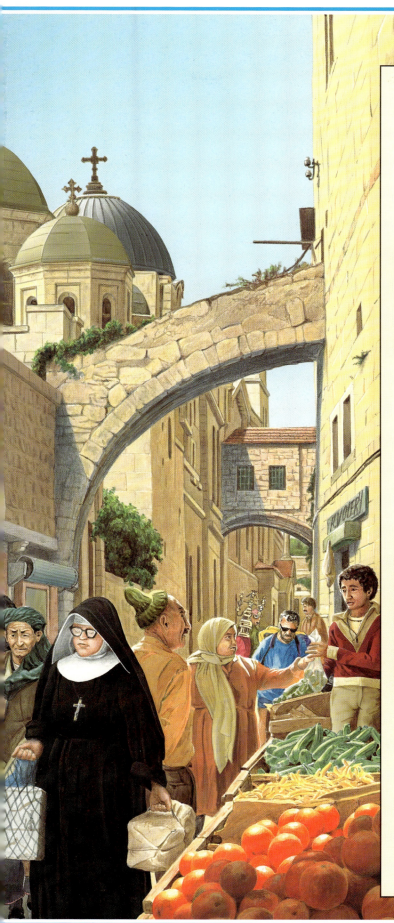

Aus Saudi-Arabien kommt ein wichtiger Rohstoff: das Erdöl. Überall im Land sieht man Bohrtürme. Viele Menschen tragen hier lange, weiße Gewänder, um sich vor der Sonne zu schützen.

In Jemen tragen die Männer keine Hosen, sondern einen rockartigen Schurz. Und im Gürtel steckt ein Krummdolch. Je reicher verziert der Dolch, desto wohlhabender ist der Mann.

# Am Rande der Sahara

Afrika:

① Nordafrika

Im Norden Afrikas leben heute noch Menschen als Nomaden. Sie züchten Kamele, Ziegen und Rinder. Mit ihren Herden ziehen sie durchs Land, um Wasser und Weideplätze zu suchen. Zum Schlafen bauen sie Zelte oder kleine Hütten auf. In den Dörfern verkaufen sie Tiere und Tierfelle. Mit dem Geld kaufen sie von Händlern, was sie zum Leben brauchen.

In den Dörfern gibt es viele handwerkliche Berufe. Es werden kunstvolle Teppiche und einfache Gewänder hergestellt und auf dem Markt verkauft. Dort treffen sich viele Menschen, denn Markttage sind wie Festtage.

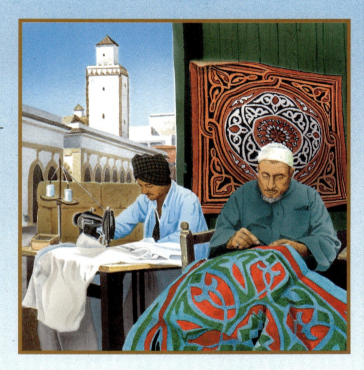

# Die Trommel ruft zum Tanz

**Afrika:**

① Schwarzafrika

In einigen Dörfern Afrikas hat sich das Leben seit Jahrhunderten kaum verändert. Die Männer gehen auf die Jagd und zum Fischen. Die Frauen arbeiten auf dem Feld, sammeln Brennholz, holen Wasser von der Wasserstelle und bereiten das Essen zu. Wie überall auf der Welt werden auch hier Feste gefeiert. Die Dorfbewohner schmücken sich, und die Trommeln rufen zum Tanz.

Die Kinder suchen oder machen sich ihr Spielzeug meist selbst. Sie sammeln zum Beispiel kleine runde Steine. Damit spielen sie wie mit Murmeln.

# Andere Länder, andere Sitten

Die Länder Europas liegen dicht beieinander. Es gibt viele Gemeinsamkeiten, aber auch kleine und große Unterschiede. Das kannst du schon auf den Postkarten sehen. In Holland haben die Leute zum Beispiel keine Gardinen vor den Fenstern. Wie ist das in deinem Land? In einem dieser Länder fahren alle Autos auf der linken Straßenseite. Weißt du, wo?

# Die Weiten Rußlands

**Europa, Asien:**

① Rußland

Wer an der Westgrenze Rußlands in einen Zug steigt, beginnt die Fahrt mitten in Europa. Nach drei Tagen ist der Zug hinter dem Ural und damit in Asien. Bis zur Endstation in Sibirien sind es 7000 Kilometer. Dafür braucht der Zug neun Tage und Nächte. So groß ist Rußland! Je weiter der Zug nach Osten fährt, desto weniger Städte und Menschen gibt es.

Moskau ist die Hauptstadt Rußlands. Mitten in Moskau liegt der Rote Platz. Hier befindet sich der Kreml, der Sitz der russischen Regierung. Am Ende des Platzes steht die Basilius-Kathedrale. Mit ihren Zwiebeltürmen gehört sie zu den schönsten Bauwerken Rußlands.

# Wo einst die Indianer lebten

**Nordamerika:**

Nordamerika ist ein großes Land. Hier kannst du viel entdecken: von Alaska im Norden, wo es Polareis gibt, bis Florida im Süden, wo fast immer die Sonne scheint. Was meinst du, wo Elche, Bären, Pumas, Klapperschlangen, Alligatoren und Biber zu Hause sind? Natürlich leben in diesem Land auch Menschen. Wie ihre Häuser aussehen und noch viel mehr kannst du auf dem Bild sehen.

Vor 500 Jahren lebten in Nordamerika fast nur Indianer. Die weißen Eroberer aus Europa nahmen ihnen das Land weg und töteten sehr viele von ihnen. Heute gibt es kaum noch Indianer, die wie früher leben. Ihnen hat die amerikanische Regierung kleine Wohngebiete zugewiesen.

# Die Heimat der Indios

**Mittel- und Südamerika:**

① Mexiko
② Andengebirge

Auch in Mittel- und Südamerika lebten früher nur Indianer. Die meisten »Indios« leben heute noch in 3000 bis 4000 Meter Höhe, im südamerikanischen Andengebirge. Das Lama ist für die Indios in den Anden ein wichtiges Tier. Es muß die Lasten tragen und liefert Milch und Fleisch. Aus seiner Wolle werden schöne bunte Pullover und Umhänge gefertigt.

In Südamerika gibt es viele Bergwerke. Es werden Kupfer, Silber und Eisen gefördert. Die Arbeit ist sehr hart und gefährlich. Trotzdem verdienen die indianischen Bergleute nicht viel.

Mexiko liegt in Mittelamerika. Hier sehen viele Kirchen wie in Spanien aus. Und die Landessprache ist spanisch. Warum? Weil die Spanier vor 500 Jahren gekommen sind und das Land unterworfen haben.

# Im tiefen Urwald

**Südamerika:**

① Brasilien

Kennst du den größten Wald der Welt? Es ist der tropische Regenwald in Brasilien. Hier wachsen Urwaldriesen, die so hoch werden wie zehnstöckige Häuser. In den Baumkronen leben Affen und Papageien, die den Urwald mit ihrem Geschrei erfüllen. Weil immer mehr Wald gerodet und zu Acker- und Weideland gemacht wird, werden die indianischen Ureinwohner und viele Tiere aus ihren Lebensräumen vertrieben.

In den Großstädten haben viele Kinder kein richtiges Zuhause. Sie leben auf der Straße. Um nicht zu verhungern, müssen sie betteln oder stehlen.

Der Karneval ist für die Menschen in Brasilien das größte Ereignis des Jahres. Sie ziehen bunte Kostüme an, machen Musik und tanzen. In den Straßen sind großartige Festumzüge zu sehen.

# Das Land der Känguruhs

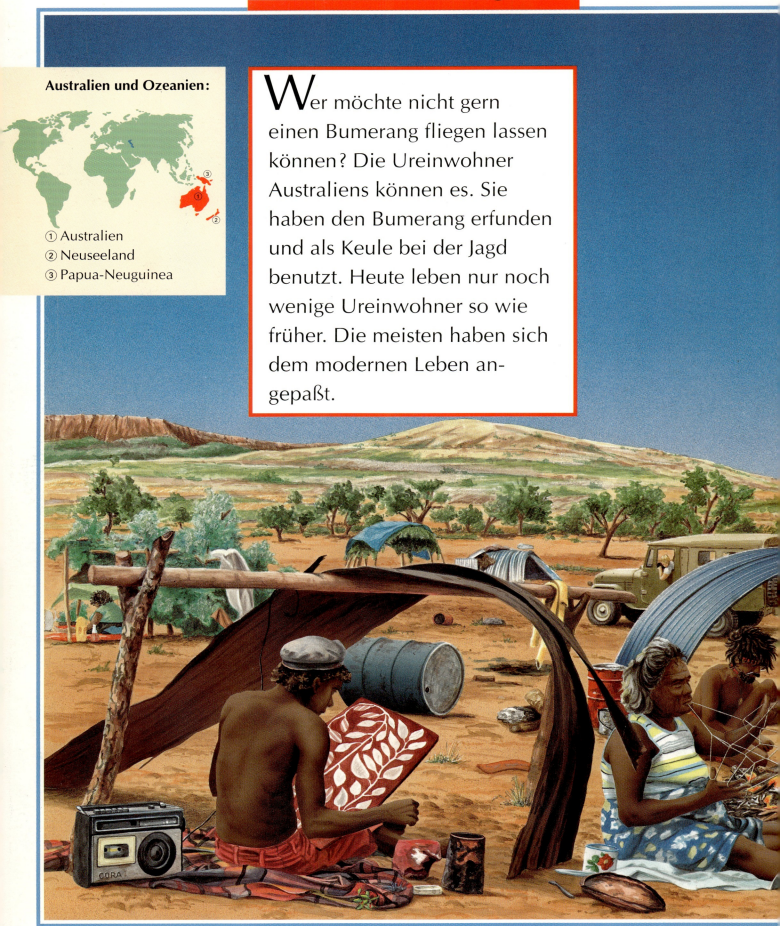

Australien und Ozeanien:

① Australien
② Neuseeland
③ Papua-Neuguinea

Wer möchte nicht gern einen Bumerang fliegen lassen können? Die Ureinwohner Australiens können es. Sie haben den Bumerang erfunden und als Keule bei der Jagd benutzt. Heute leben nur noch wenige Ureinwohner so wie früher. Die meisten haben sich dem modernen Leben angepaßt.

Die Entfernungen [zwischen] den Farmen sind [sehr] groß. Manchmal [müssen] Bewohner Aus[traliens] mit dem Flug[zeug fliegen, um] Nachbarn zu [besuchen.]

Die Tierwelt in Australien ist einzigartig. In keinem anderen Land der Erde gibt es Emus ①, Känguruhs ② und Koalas ③.

# Im Land des ewigen Eises

Gebiete, wo die Inuit leben:

Hoch oben im Norden leben die Inuit, die wir auch unter dem Namen Eskimos kennen. Früher waren sie umherziehende Jäger und bauten zum Schutz gegen die Kälte Häuser aus Schneeblöcken, die Iglus. Wenn die Inuit heute auf Jagd gehen, haben sie Zelte dabei. Iglus bauen sie nur noch selten. Mit dem Kajak gehen sie auf Robben- und Fischfang.

Hier geht die Sonne sechs Monate lang nicht auf und danach sechs Monate lang nicht unter. Sogar um Mitternacht ist sie dann noch zu sehen. Manchmal leuchtet der Himmel, als stehe er in Flammen. Dieses Farbenschauspiel kannst du auf dem rechten Bild sehen. Man nennt es Nordlicht.

# Eine Reise um die Welt

In diesem Buch hast du viele Länder kennengelernt und einiges über die Lebensbedingungen ihrer Bewohner erfahren. Hier siehst du, wie du dir eine aufklappbare Weltkugel bauen kannst. In jedem Abschnitt ist ein Land deiner Wahl zu sehen, so wie du es mit gemalten oder ausgeschnittenen Bildern von Menschen, Tieren, Häusern und Pflanzen gestaltet hast.

① Aus dünner Pappe schneidest du vier bis acht tellergroße Kreise und faltest sie in der Mitte.

③ Klappe die Kreise wieder zusammen, schneide von der Rückseite verschieden lange Stege hinein und knicke sie nach innen, wie auf dem Bild.

An die Stege kannst du jetzt Häuser, Bäume, Menschen kleben, die zum jeweiligen Land passen.

② Klappe die Kreise halb auf. Die senkrecht stehende Seite bemalst oder beklebst du als Hintergrund, die waagerechte als Vordergrund.

④ Bevor du die Abschnitte zu einer Weltkugel zusammenfügst, klebst du jeweils auf eine Rückseite einen Halbkreis aus Papier.

Jetzt kannst du deine Weltkugel an jeder beliebigen Stelle aufklappen und die Reise um die Welt beginnen lassen.

# Minilexikon

**Anden:** Großes Gebirge am Westrand Südamerikas 22

**Arena:** Sportplatz 17

**Bergwerk:** So nennt man die Anlagen über und unter der Erde, wo Mineralien wie Kohle, Erze und Salze abgebaut werden 23

**Bumerang:** Wurfholz aus Australien, das bei geschicktem Werfen wieder zurückkehrt 26

**Eskimo:** Heißt übersetzt »Rohfleischesser«; Name, den die Weißen den Inuit gegeben haben 28

**Farm:** Landwirtschaftlicher Betrieb 26, 27

**Ganges:** Indischer Strom, der den Indern heilig ist 8

**Indianer:** Ureinwohner Nord- und Südamerikas 21, 22

**Inuit:** Heißt übersetzt »Menschen«; Name, den sich die Bewohner der Arktis selbst gegeben haben 28

**Kajak:** Einsitziges Boot der Inuit. Das Gerüst besteht aus Holz und Walknochen und wird mit wasserdichten Seehundfellen bespannt. 28

**Nomaden:** Menschen, die mit ihren Viehherden von Weideplatz zu Weideplatz ziehen und nicht an einem Ort leben 12

**Polareis:** Ewiges Eis in den Gebieten um den Nord- und Südpol 20

**Plantagen:** Große Felder, auf denen jeweils nur eine Pflanzenart angebaut wird, z. B. Kakao, Kaffee, Bananen, Orangen 23

**Sahara:** Größte Wüste der Welt; liegt im Norden Afrikas 12

**Sibirien:** Östlicher Teil Rußlands. In manchen Gebieten herrscht mehr als neun Monate Frost. Deswegen leben nur wenige Menschen in dem großen Gebiet 18, 19

**Tropischer Regenwald:** Manche sagen auch Urwald dazu. Weil es hier immer warm ist und viel regnet, ist der tropische Urwald das ganze Jahr grün. 24

**Ural:** Das Uralgebirge verläuft in Nord-Süd-Richtung durch Rußland. Es stellt eine natürliche Grenze zwischen Europa und Asien dar. 18

**Vorderer Orient:** So nennt man die große Halbinsel zwischen Nordost-Afrika und Westasien 10, 11

---

## Bildnachweis

S. 3: Das Fotoarchiv/Henning Christoph; S. 4/5: ZEFA/H. Blohm; ZEFA/Paul Barton; Tony Sone/David Hiser; G. Herzog-Schröder; ZEFA/A. Behnke; Silvestris/Valentin; ZEFA/W. u. D. Mcintyre; Das Fotoarchiv/Thomas Stephan; Silvestris/Boisberranger; Tony Stone/Nicholas de Vore; Das Fotoarchiv/H. Christoph; Tony Stone/Penny Tweedie; S. 5 innen: IFA-Weststock; S. 7: Das Fotoarchiv/Thomas Stephan; innen: Das Fotoarchiv/ Herbert Maeder; S. 9: Das Fotoarchiv/Sebastian Bolesch; S. 15: Foto Present/Escher; S. 21: Focus/Dilip Metha/Contact Press Images; S. 23: linkes Foto: Focus/Stephen Ferry/Matrix; rechtes Foto:Focus/J. Ducange/Agence Top; S. 24: Bilderberg/Jürgen Burkhard; S. 25: Michael Friedel; S. 27 innen: linkes Foto: Silvestris/A.N.T.; rechtes Foto: Focus/Ward/Network